AF221958

Impressum
Verlag: BABADADA GmbH, Nedderfeld 112 , 22529 Hamburg
Geschäftsführer / Verlagsleitung: Harald Hof
Druck: Books on Demand GmbH, In de Tarpen 42, 22848 Norderstedt

Imprint
Publisher: BABADADA GmbH, Nedderfeld 112 , 22529 Hamburg, Germany
Managing Director / Publishing direction: Harald Hof
Print: Books on Demand GmbH, In de Tarpen 42, 22848 Norderstedt, Germany

школа
škola

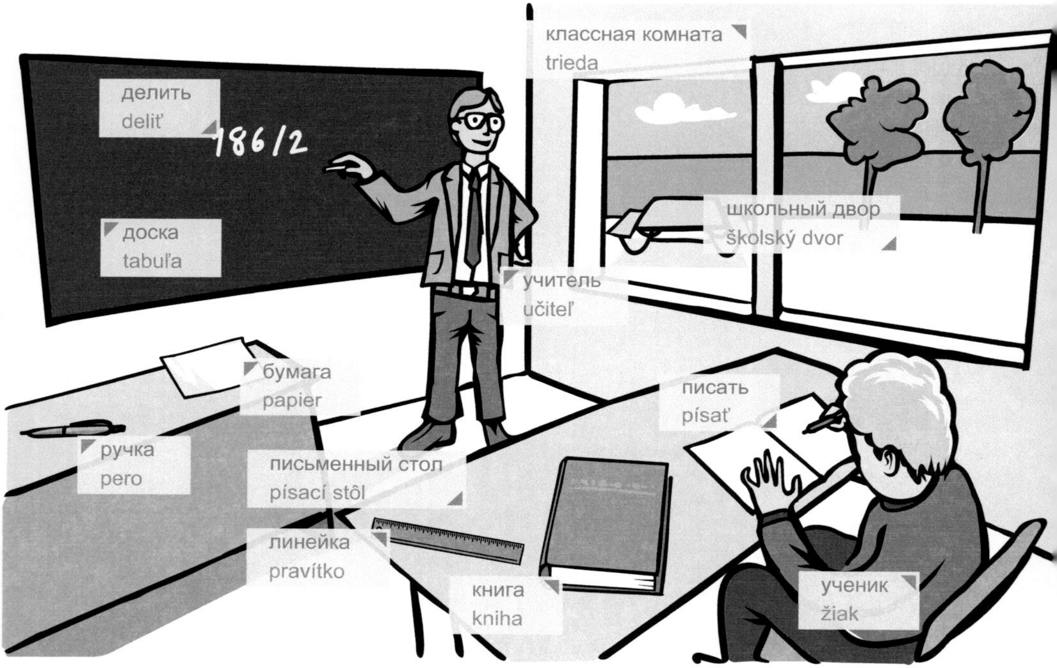
классная комната
trieda
делить
deliť
186/2
доска
tabuľa
школьный двор
školský dvor
учитель
učiteľ
бумага
papier
писать
písať
ручка
pero
письменный стол
písací stôl
линейка
pravítko
книга
kniha
ученик
žiak

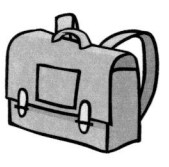

ранец
školská taška

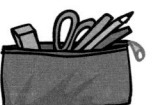

пенал
peračník

карандаш
ceruza

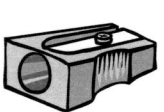

точилка
strúhadlo na ceruzky

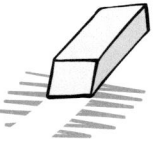

ластик
guma

альбом для рисования
skicár

рисунок

kresba

кисточка

štetec

коробка красок

vodové farby

ножницы

nožnice

клей

lepidlo

тетрадь

cvičný zošit

домашняя работа

domáca úloha

цифра

číslo

прибавлять

sčítať

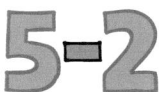

вычитать

odčítať

умножать

násobiť

считать

počítať

буква

písmeno

алфавит

abeceda

слово

slovo

текст
text

читать
čítať

мел
krieda

урок
hodina

классный журнал
triedna kniha

экзамен
skúška

диплом
certifikát

школьная форма
školská uniforma

образование
vzdelanie

энциклопедия
encyklopédia

университет
univerzita

микроскоп
mikroskop

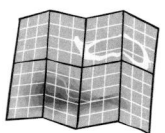

карта
mapa

корзина для бумаг
kôš na papier

путешествие
cesta

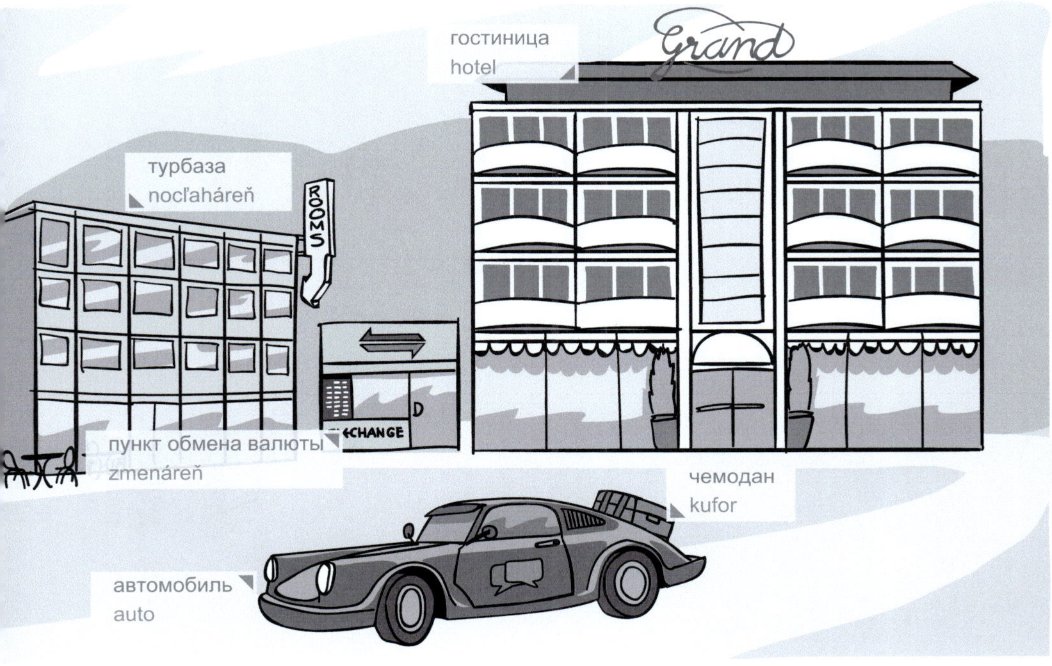

гостиница
hotel
турбаза
nocľaháreň
пункт обмена валюты
zmenáreň
чемодан
kufor
автомобиль
auto

язык

jazyk

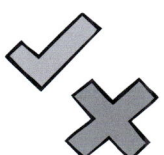

да / нет

áno/nie

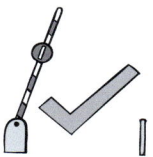

хорошо

v poriadku

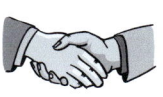

Привет

ahoj

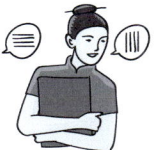

переводчик

prekladateľ

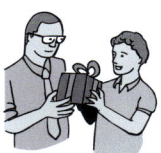

Спасибо

ďakujem

Сколько стоит…?

Koľko stojí … ?

Я не понимаю

Nerozumiem

проблема

problém

Добрый вечер!

Dobrý večer!

Доброе утро!

Dobré ráno!

Доброй ночи!

Dobrú noc!

До свидания

Dovidenia

направление

smer

багаж

batožina

сумка

taška

рюкзак

batoh

гость

hosť

комната

izba

спальный мешок

spacák

палатка

stan

туристическая
информация
informácie pre turistov

пляж

pláž

кредитная карточка

kreditná karta

завтрак

raňajky

обед

obed

ужин

večera

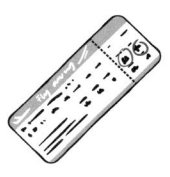

билет

cestovný lístok

лифт

výťah

почтовая марка

poštová známka

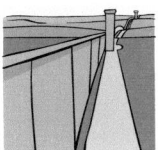

граница

hranica

таможня

clo

посольство

veľvyslanectvo

виза

vízum

паспорт

cestovný pas

транспорт
doprava

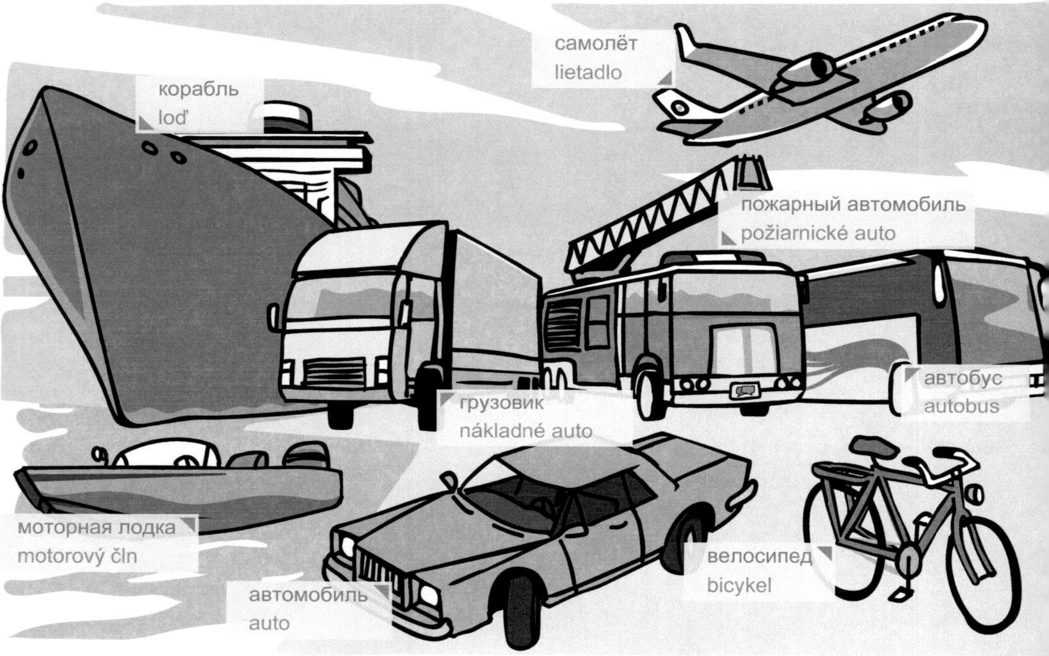
самолёт
lietadlo
корабль
loď
пожарный автомобиль
požiarnické auto
автобус
autobus
грузовик
nákladné auto
моторная лодка
motorový čln
велосипед
bicykel
автомобиль
auto

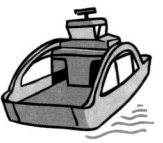

паром

trajekt

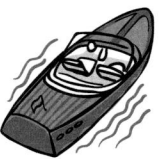

лодка

loď

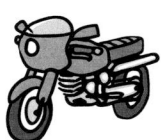

мотоцикл

motorka

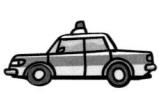

полицейский автомобиль

policajné auto

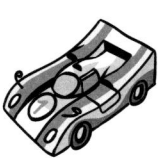

гоночный автомобиль

pretekárske auto

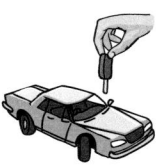

арендованный автомобиль

vozidlo z požičovne

совместное пользование
автомобилями

carsharing

буксировочный
автомобиль
odťahové auto

мусоровоз

smetiarske auto

двигатель

motor

топливо

benzín

заправка

čerpacia stanica

дорожный знак

dopravná značka

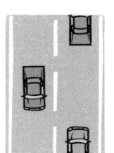

движение

premávka

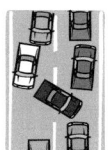

пробка

zápcha

автостоянка

parkovisko

вокзал

vlaková stanica

рельсы

trate

поезд

vlak

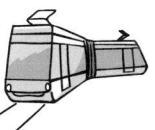

трамвай

električka

вагон

vagón

вертолёт

helikoptéra

аэропорт

letisko

вышка

veža

пассажир

pasažier

контейнер

kontajner

коробка

kartón

тележка

vozík

корзина

kôš

взлетать / приземляться

štartovať / pristáť

город

mesto

деревня

dedina

центр города

centrum mesta

дом

dom

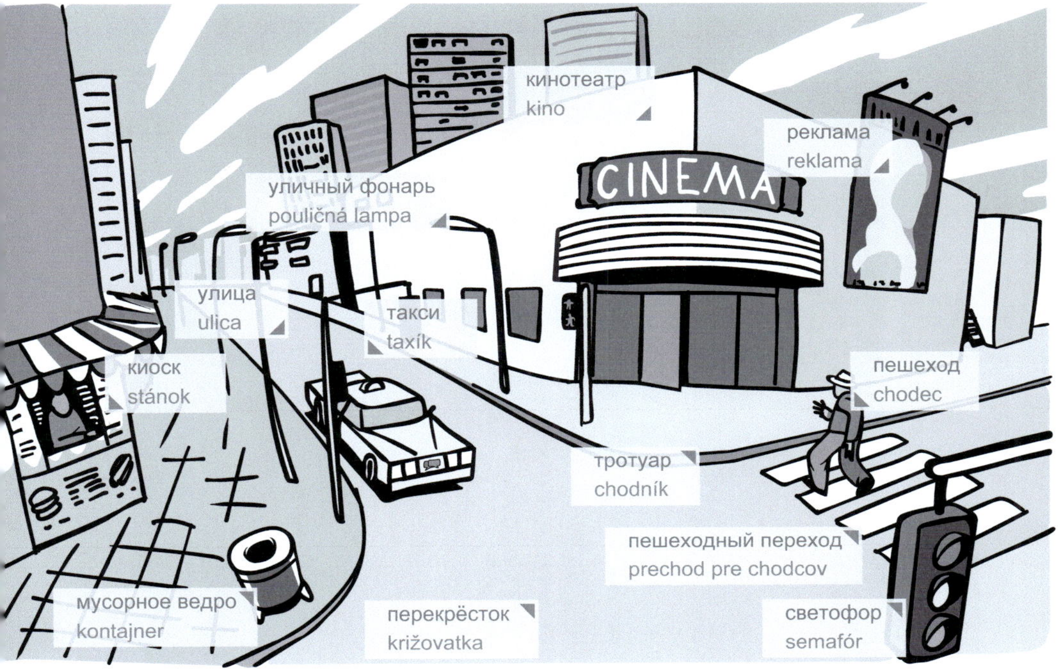

кинотеатр
kino
CINEMA
реклама
reklama
уличный фонарь
pouličná lampa
улица
ulica
такси
taxík
киоск
stánok
пешеход
chodec
тротуар
chodník
пешеходный переход
prechod pre chodcov
мусорное ведро
kontajner
перекрёсток
križovatka
светофор
semafór

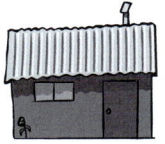

хижина

chata

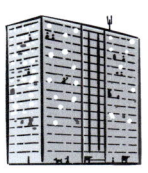

квартира

byt

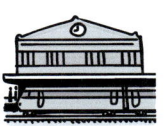

вокзал

vlaková stanica

ратуша

radnica

MUSEUM

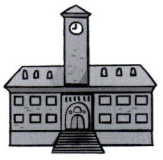

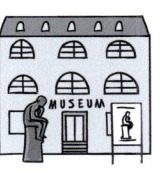

музей

múzeum

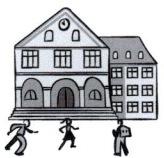

школа

škola

университет

univerzita

банк

banka

больница

nemocnica

гостиница

hotel

аптека

lekáreň

офис

kancelária

книжный магазин

kníhkupectvo

магазин

obchod

цветочный магазин

kvetinárstvo

супермаркет

supermarket

рынок

trh

универмаг

obchodný dom

торговец рыбой

obchodník s rybami

торговый центр

nákupné stredisko

порт

prístav

парк

park

скамейка

lavička

мост

most

лестница

schody

метро

metro

тоннель

tunel

автобусная остановка

autobusová zastávka

бар

bar

ресторан

reštaurácia

почтовый ящик

poštová schránka

табличка с названием
улицы

tabuľa s názvom ulice

паркометр

parkovacie hodiny

зоопарк

ZOO

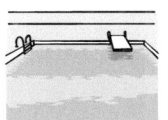

бассейн

plaváreň

мечеть

mešita

ферма

farma

загрязнение окружающей среды

znečisťovanie životného prostredia

кладбище

cintorín

церковь

kostol

детская площадка

ihrisko

храм

chrám

ландшафт
terén

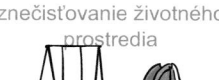

лист
list

дорожный указатель
smerová tabuľa

дорога
cesta

луг
lúka

камень
kameň

дерево
strom

путешественник
turista

река
rieka

трава
tráva

цветок
kvet

долина

dolina

гора

kopec

озеро

jazero

лес

les

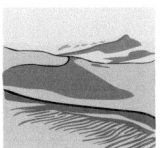

пустыня

púšť

вулкан

vulkán

замок

zámok

радуга

dúha

гриб

hríb

пальма

palma

комар

komár

муха

mucha

муравей

mravec

пчела

včela

паук

pavúk

жук

chrobák

лягушка

žaba

белка

veverička

еж

jež

заяц

zajac

сова

sova

птица

vták

лебедь

labuť

кабан

diviak

олень

jeleň

лось

los

плотина

hrádza

ветряной генератор

veterná turbína

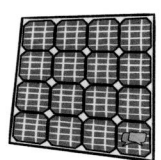

солнечная батарея

solárny panel

климат

podnebie

официант
čašník

меню
jedálny lístok

стул
stolička

суп
polievka

пицца
pizza

столовые приборы
príbor

скатерть
obrus

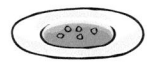

закуска

predjedlo

главное блюдо

hlavné jedlo

десерт

zákusok

напитки

nápoje

еда

jedlo

бутылка

fľaša

фастфуд

fast-food

уличная еда

street food

чайник

kanvica na čaj

сахарница

cukornička

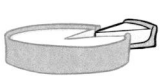

порция

porcia

кофеварка

stroj na espresso

детский стульчик

detská stolička

счет

účet

поднос

podnos

нож

nôž

вилка

vidlička

ложка

lyžica

чайная ложка

čajová lyžička

салфетка

obrúsok

стакан

pohár

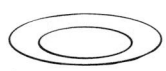

тарелка

tanier

суповая тарелка

hlboký tanier

блюдце

podšálka

соус

omáčka

солонка

soľnička

мельница для перца

mlynček na korenie

уксус

ocot

масло

olej

специи

korenie

кетчуп

kečup

горчица

horčica

майонез

majonéza

супермаркет
supermarket

специальное предложение
špeciálna ponuka
FOR
покупатель
klient
молочные продукты
mliečne výrobky
фрукты
ovocie
тележка для покупок
nákupný vozík

BUTCHERS

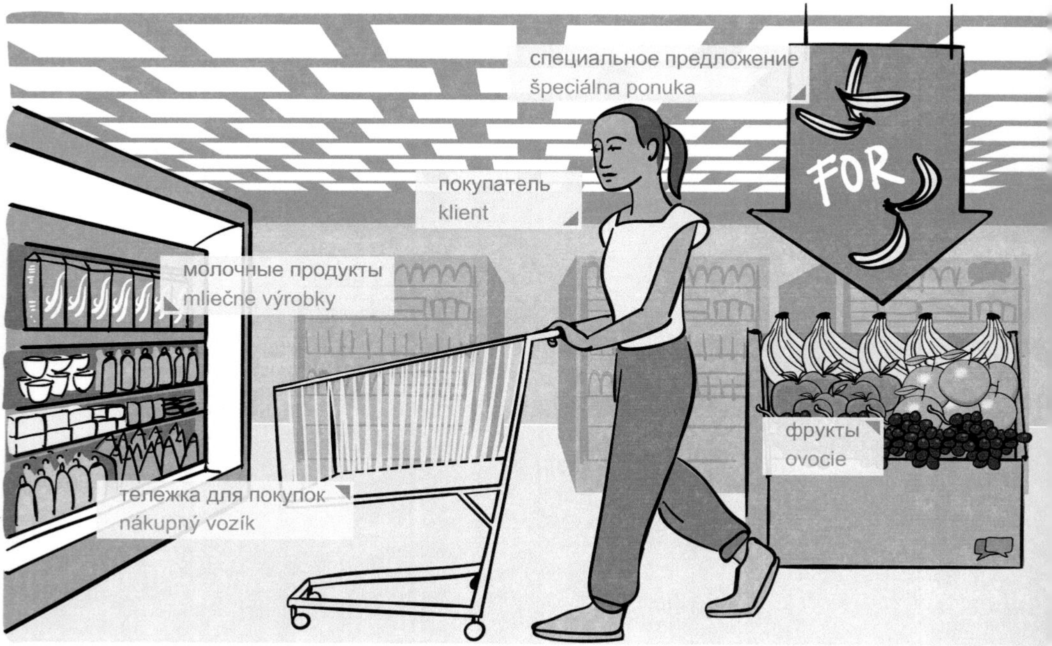

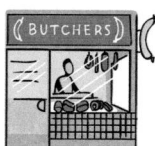

мясной магазин

mäsiarstvo

BAKERY

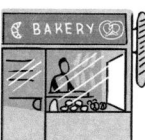

пекарня

pekáreň

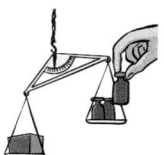

взвешивать

vážiť

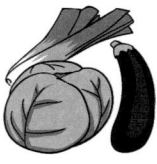

овощи

zelenina

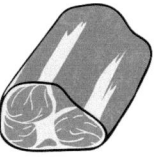

мясо

mäso

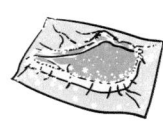

быстрозамороженные продукты

mrazené potraviny

нарезка

nárez

консервы

konzervy

стиральный порошок

prací prostriedok

сладости

sladkosti

предмет домашнего обихода

domáce potreby

моющее средство

čistiace prostriedky

продавщица

predavačka

касса

pokladňa

кассир

pokladník

список покупок

nákupný zoznam

время работы

otváracie hodiny

бумажник

peňaženka

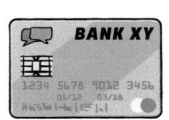

кредитная карточка

kreditná karta

сумка

taška

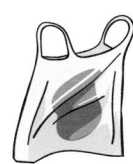

полиэтиленовый пакет

plastové vrecko

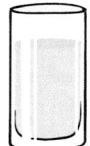

вода

voda

сок

džús

молоко

mlieko

кока-кола

kola

вино

víno

пиво

pivo

алкоголь

alkohol

какао

kakao

чай

čaj

кофе

káva

эспрессо

espresso

капучино

kapučíno

банан

banán

яблоко

jablko

апельсин

pomaranč

арбуз

melón

лимон

citrón

морковь

mrkva

чеснок

cesnak

бамбук

bambus

лук

cibuľa

гриб

hríb

орехи

orechy

лапша

rezance

спагетти

špagety

рис

ryža

салат

šalát

картофель фри

hranolky

жареный картофель

pečené zemiaky

пицца

pizza

гамбургер

hamburger

сэндвич

obložený chlebík

шницель

rezeň

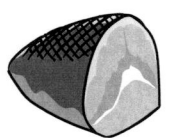

ветчина

šunka

салями

saláma

колбаса

klobása

курица

kurča

жаркое

pečené mäso

рыба

ryba

овсяные хлопья

ovsené vločky

мюсли

müsli

кукурузные хлопья

kukuričné lupienky

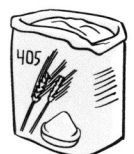

мука

múka

круассан

croissant

булочка

pečivo

хлеб

chlieb

тост

hrianka

печенье

sušienky

масло

maslo

творог

tvaroh

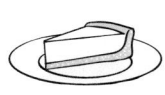

пирог

koláč

яйцо

vajce

яичница

volské oko

сыр

syr

мороженое

zmrzlina

сахар

cukor

мёд

med

мармелад

lekvár

крем с нугой

nugátová nátierka

карри

karí korenie

ферма

farma

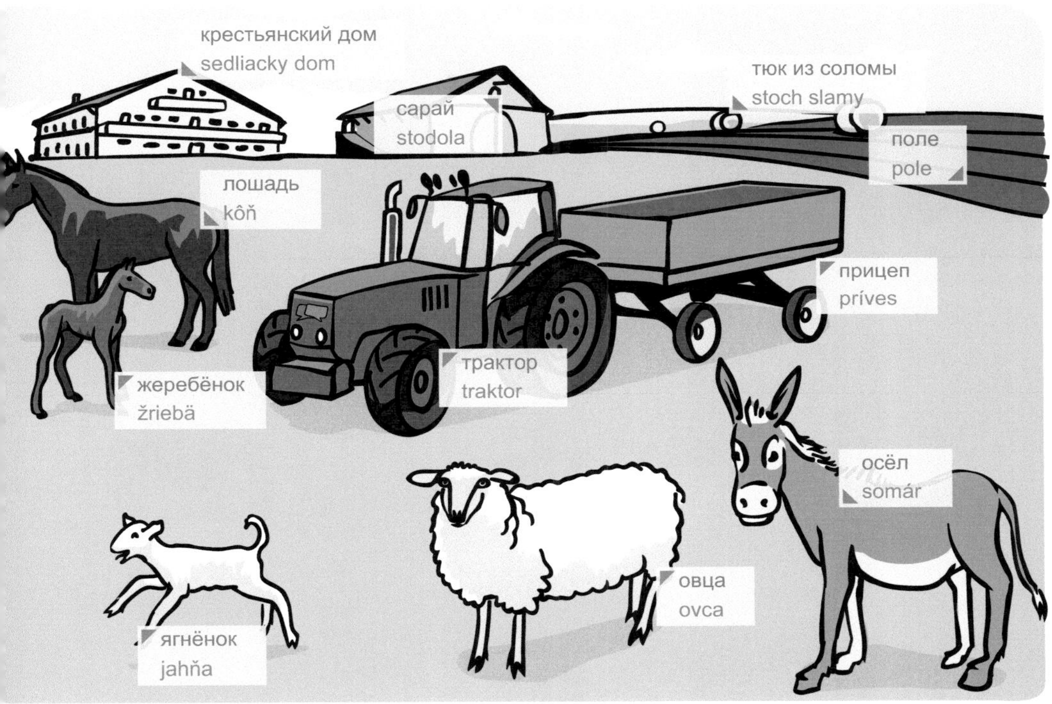

крестьянский дом
sedliacky dom
сарай
stodola
тюк из соломы
stoch slamy
поле
pole
лошадь
kôň
прицеп
príves
трактор
traktor
жеребёнок
žriebä
осёл
somár
овца
ovca
ягнёнок
jahňa

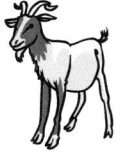

коза

koza

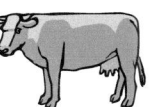

корова

krava

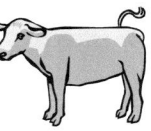

телёнок

teľa

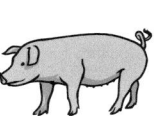

свинья

prasa

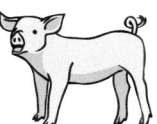

поросёнок

prasiatko

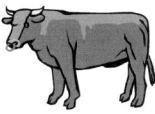

бык

býk

гусь

hus

утка

kačica

цыплёнок

kuriatko

курица

sliepka

петух

kohút

крыса

potkan

кошка

mačka

мышь

myš

вол

vôl

собака

pes

конура

psia búda

садовый шланг

záhradná hadica

лейка

krhla

коса

kosa

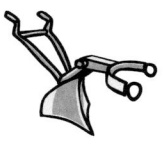

плуг

pluh

ферма - farma

серп

kosák

мотыга

motyka

навозные вилы

vidly na hnoj

топор

sekera

тачка

fúrik

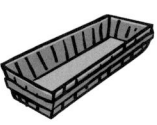

корыто

koryto

бидон для молока

kanva na mlieko

мешок

vrece

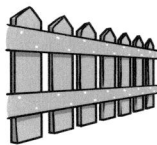

забор

plot

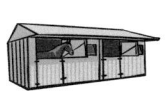

хлев

maštaľ

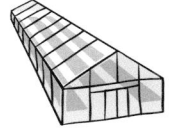

теплица

skleník

почва

pôda

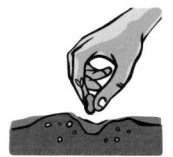

посев

osivo

удобрение

hnojivo

комбайн

kombajn

собирать урожай

žať

урожай

žatva

ямс

batát

пшеница

pšenica

соя

sója

картофель

zemiak

кукуруза

kukurica

рапс

repka

фруктовое дерево

ovocný strom

маниок

maniok

злаки

obilie

дымоход
komín

крыша
strecha

водосточный желоб
dažďový odkvap

окно
okno

гараж
garáž

звонок
zvonček

дверь
dvere

мусорное ведро
odpadkový kôš

почтовый ящик
poštová schránka

сад
záhrada

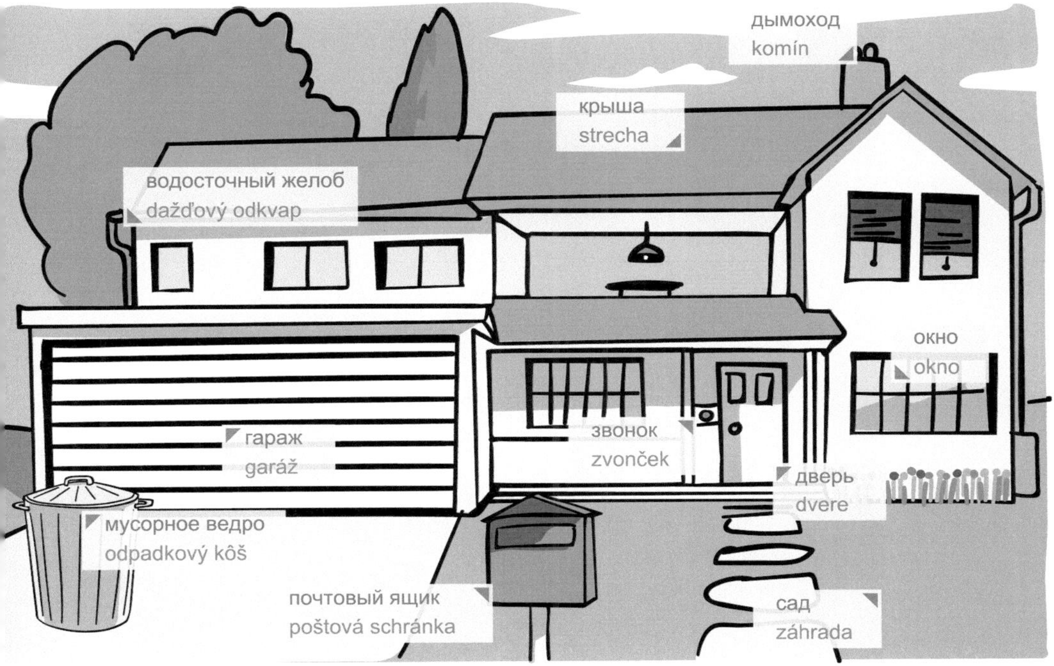

гостиная

obývačka

ванная комната

kúpeľňa

кухня

kuchyňa

спальня

spálňa

детская комната

detská izba

столовая

jedáleň

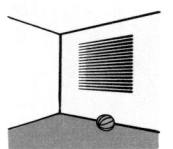

пол

podlaha

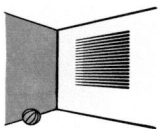

стена

stena

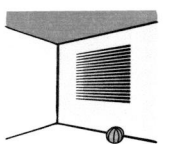

потолок

strop

подвал

pivnica

сауна

sauna

балкон

balkón

терраса

terasa

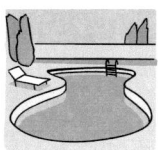

бассейн

bazén

газонокосилка

kosačka

пододеяльник

obliečka

покрывало

posteľná prikrývka

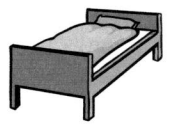

кровать

posteľ

метла

metla

ведро

vedro

выключатель

vypínač

гостиная
obývačka

обои
tapeta
рисунок
obraz
лампа
lampa
полка
regál
шкаф
skriňa
телевизор
televízor
камин
kozub
цветок
kvet
подушка
vankúš
диван
pohovka
ваза
váza
пульт дистанционного управления
diaľkové ovládanie

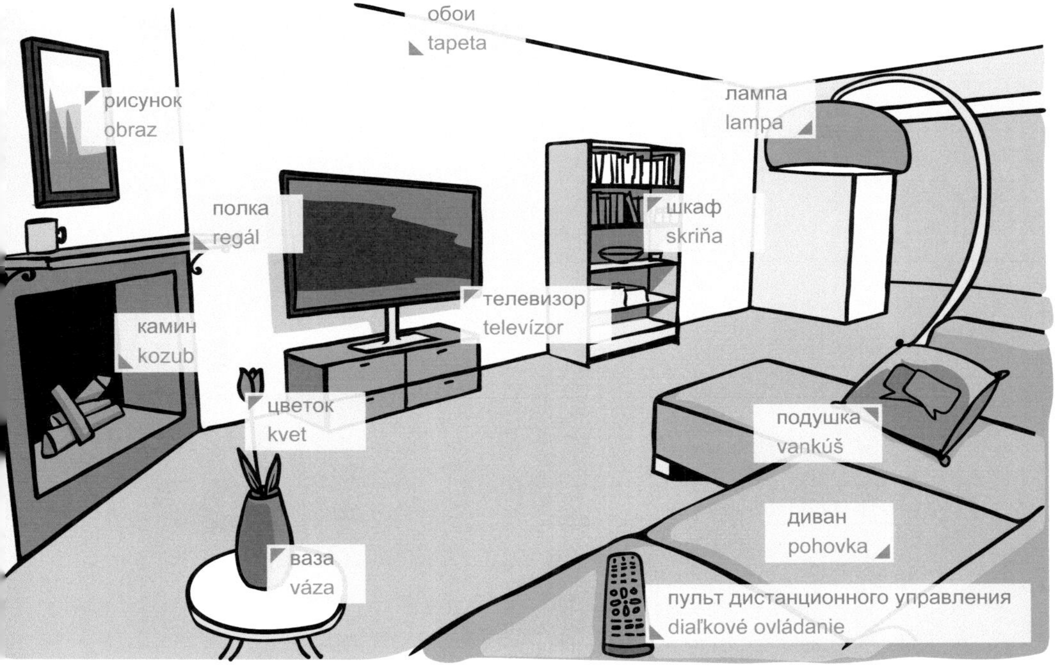

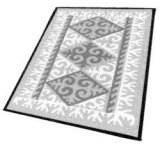

ковёр

koberec

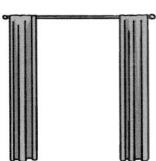

штора

záclona

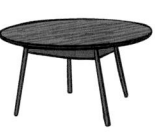

стол

stôl

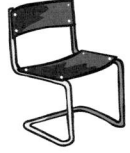

стул

stolička

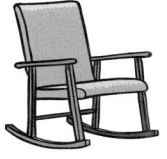

кресло-качалка

hojdacie kreslo

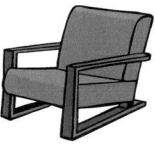

кресло

kreslo

книга

kniha

покрывало

prikrývka

украшение

dekorácia

дрова

drevo na kúrenie

фильм

film

стереосистема

hi-fi veža

ключ

kľúč

газета

noviny

картина

maľba

плакат

plagát

радио

rádio

блокнот

zápisník

пылесос

vysávač

кактус

kaktus

свеча

sviečka

кухня
kuchyňa

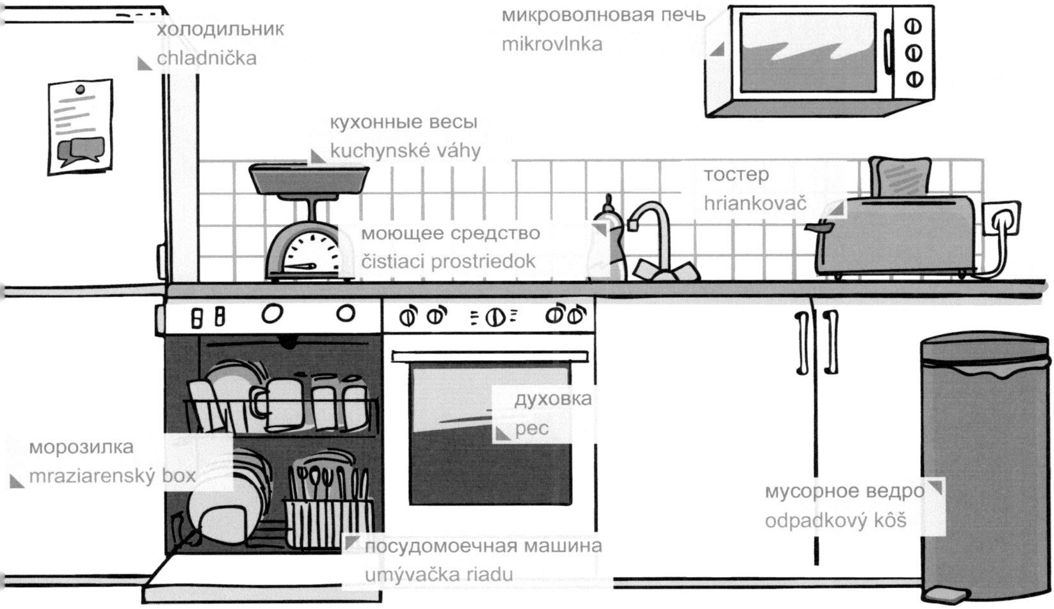
холодильник
chladnička
микроволновая печь
mikrovlnka
кухонные весы
kuchynské váhy
тостер
hriankovač
моющее средство
čistiaci prostriedok
духовка
pec
морозилка
mraziarenský box
мусорное ведро
odpadkový kôš
посудомоечная машина
umývačka riadu

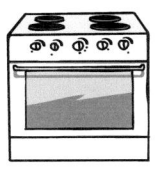

плита

sporák

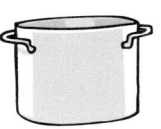

кастрюля

hrniec

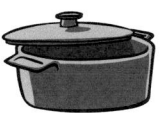

чугунный котелок

železný hrniec

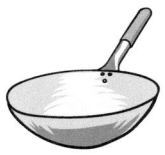

вок / кадай

wok / kadai

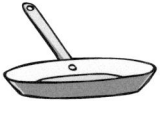

сковорода

panvica

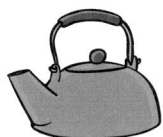

чайник

rýchlovarná kanvica

пароварка

parný hrniec

противень

plech na pečenie

посуда

riad

кружка

pohár

миска

misa

палочки для еды

paličky

половник

naberačka na polievku

лопатка

stierka

сбивалка

metlička

сито

cedidlo

сито

sitko

тёрка

strúhadlo

ступка

mažiar

гриль

gril

костёр

ohnisko

доска

doska na krájanie

скалка

valček na cesto

штопор

выvrtka

жестяная банка

konzerva

консервный нож

otvárač na konzervy

прихватка

chňapka

раковина

výlevka

щетка

kefa

губка

hubka

миксер

mixér

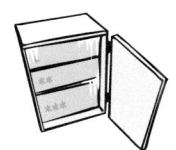

морозильная камера

mraznička

бутылочка для кормления

kojenecká fľaša

кран

vodovodný kohútik

ванная комната
kúpeľňa

отопление
kúrenie
полотенце
uterák
душ
sprcha
душевая занавеска
sprchový záves
пенистая ванна
pena do kúpeľa
ванна
vaňa
стиральная машина
práčka
плитка
dlaždice
кран
vodovodný kohútik
стакан
pohár
горшок
nočník
раковина
výlevka

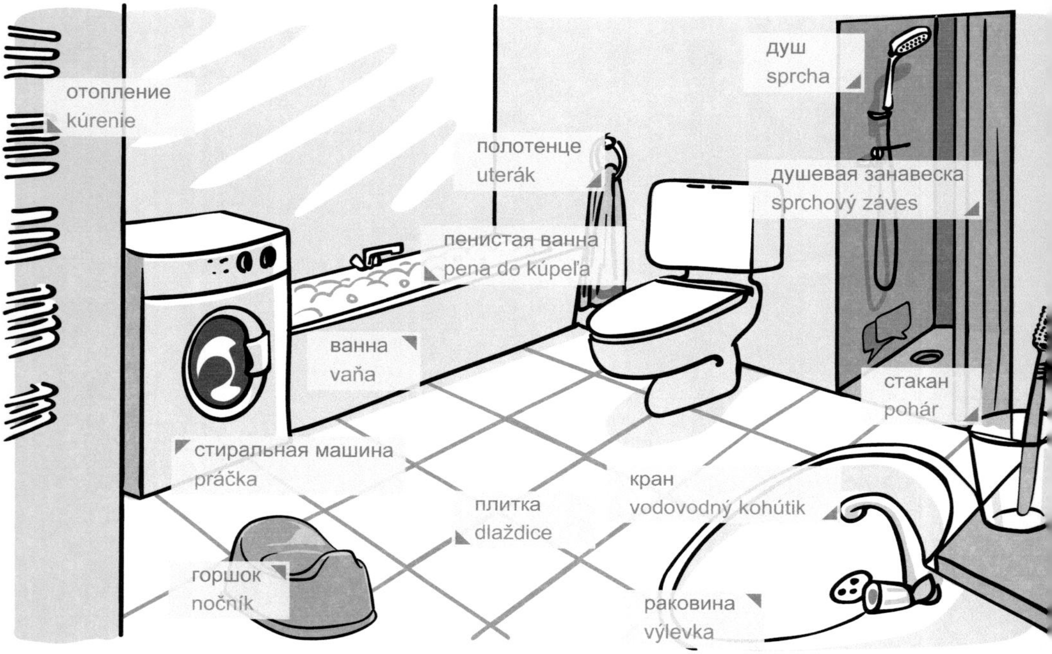

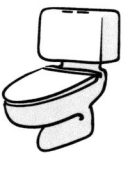

туалет

záchod

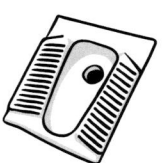

напольный унитаз

suchý záchod

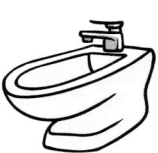

биде

bidet

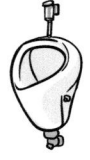

писсуар

pisoár

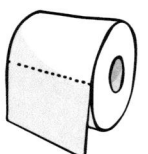

туалетная бумага

toaletný papier

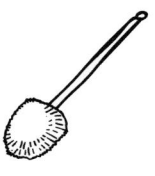

ершик

záchodová kefa

зубная щетка

zubná kefka

зубная паста

zubná pasta

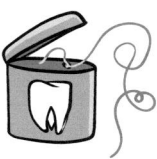

зубная нить

dentálna niť

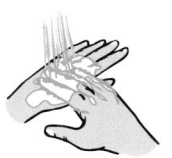

мыть

umývať

ручной душ

ručná sprcha

интимный душ

sprcha pre intímnu hygienu

таз

umývadlo

щетка для спины

kefa na chrbát

мыло

mydlo

гель для душа

sprchový gél

шампунь

šampón

мочалка

frotírová rukavica

сток

odtok

крем

krém

дезодорант

dezodorant

зеркало

zrkadlo

ручное зеркало

kozmetické zrkadlo

бритва

žiletka

пена для бритья

pena na holenie

лосьон после бритья

voda po holení

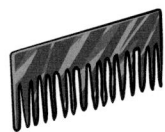

расческа

hrebeň

щетка

kefa

фен

sušič vlasov

лак для волос

sprej na vlasy

косметика

make-up

губная помада

rúž

лак для ногтей

lak na nechty

вата

vata

маникюрные ножницы

nožnice na nechty

духи

parfum

косметичка

kozmetická taška

табуретка

stolček

весы

váha

халат

kúpací plášť

резиновые перчатки

gumové rukavice

тампон

tampón

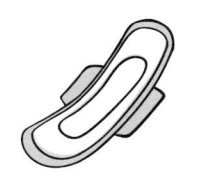

гигиеническая прокладка

menštruačná vložka

биотуалет

chemické WC

детская комната
detská izba

будильник
budík
мягкая игрушка
plyšová hračka
игрушечный автомобиль
hračkárske auto
погремушка
hrkálka
кукольный домик
domček pre bábiky
подарок
dar

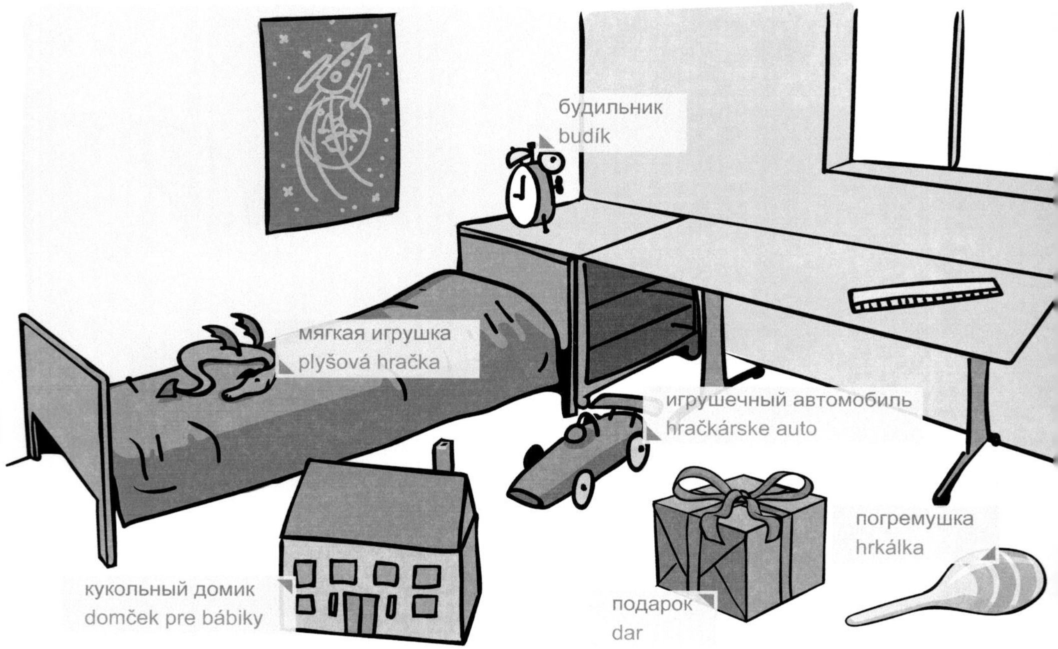

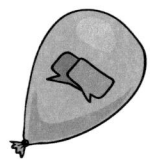

воздушный шар

balón

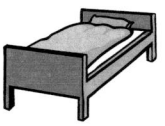

кровать

posteľ

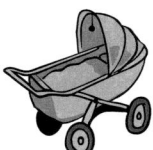

детская коляска

detský kočík

карточная игра

karty

пазл

puzzle

SUPER
MEGA

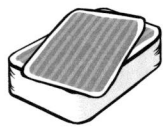

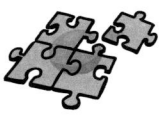

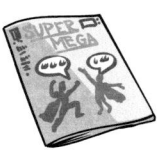

комикс

komix

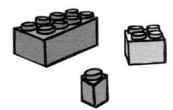

кирпичики Лего

skladačka lego

кубики

stavebnica

игрушечная фигурка

akčná postavička

ползунки

dupačky

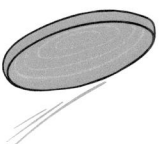

фрисби

lietajúci tanier

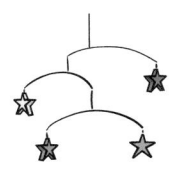

мобиле

závesné hračky

настольная игра

stolová hra

кубик

kocka

модель железной дороги

modelový vláčik

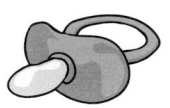

соска

cumlík

вечеринка

párty

книга с картинками

obrázková kniha

мяч

lopta

кукла

bábika

играть

hrať sa

песочница

pieskovisko

качели

hojdačka

игрушка

hračky

игровая приставка

hracia konzola

трёхколесный велосипед

trojkolka

плюшевый медвежонок

medvedík

шкаф для одежды

šatník

одежда

šatstvo

носки

ponožky

чулки

pančuchy

колготки

pančuchové nohavičky

шарф
šál

ремень
opasok

зонтик
dáždnik

футболка
tričko

сапоги
čižmy

тапки
papuče

кроссовки
tenisky

сандалии
sandále

ботинки
topánky

резиновые сапоги
gumáky

трусы
spodky

бюстгальтер
podprsenka

майка
tielko

одежда - šatstvo

боди

body

брюки

nohavice

джинсы

džínsy

юбка

sukňa

блузка

blúzka

рубашка

košeľa

свитер

pulóver

свитер

sveter

спортивная куртка

blejzer

жакет

bunda

пальто

kabát

плащ

pršiplášť

костюм

kostým

платье

šaty

свадебное платье

svadobné šaty

мужской костюм

oblek

ночная сорочка

nočná košeľa

пижама

pyžamo

сари

sari

платок

šatka na hlavu

тюрбан

turban

паранджа

burka

кафтан

kaftan

абайя

abaja

купальник

dvojdielne plavky

плавки

plavky

шорты

šortky

спортивный костюм

tepláková súprava

фартук

zástera

перчатки

rukavice

пуговица

gombík

очки

okuliare

браслет

náramok

цепочка

retiazka

кольцо

prsteň

серьга

náušnica

шапка

čiapka

вешалка

vešiak

шляпа

klobúk

галстук

kravata

застежка молния

zips

шлем

prilba

подтяжки

traky

школьная форма

školská uniforma

форма

uniforma

детский нагрудник

podbradník

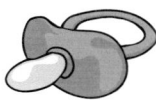

соска

cumlík

подгузник

plienka

офис
kancelária

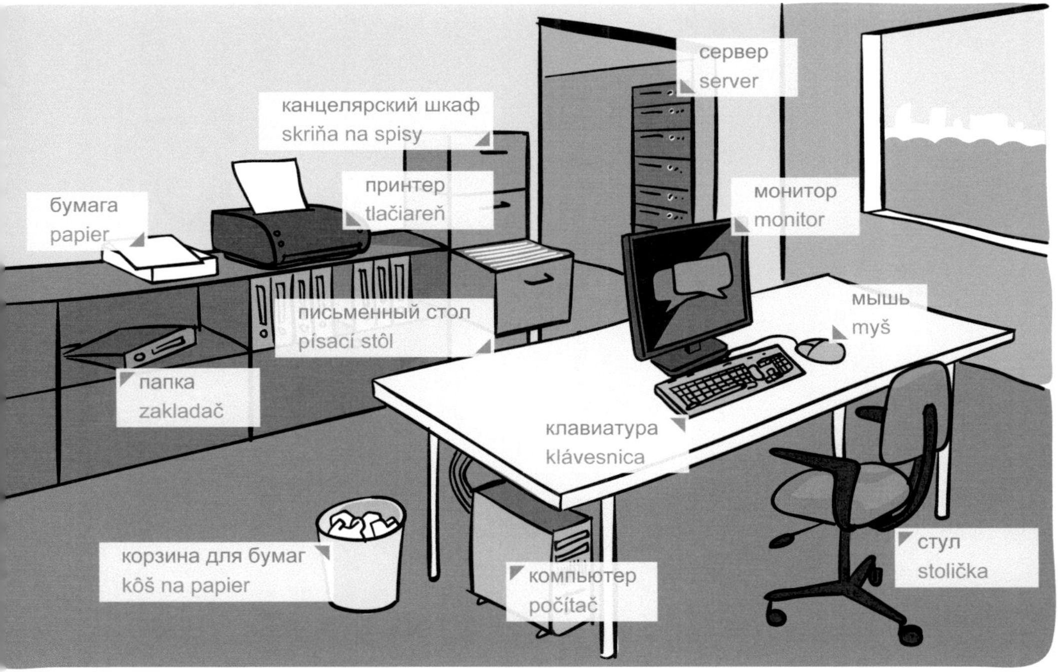

сервер
server

канцелярский шкаф
skriňa na spisy

принтер
tlačiareň

бумага
papier

монитор
monitor

мышь
myš

письменный стол
písací stôl

папка
zakladač

клавиатура
klávesnica

корзина для бумаг
kôš na papier

стул
stolička

компьютер
počítač

кофейная кружка

hrnček na kávu

калькулятор

kalkulačka

интернет

internet

ноутбук

laptop

письмо

list

сообщение

správa

мобильный телефон

mobil

сеть

sieť

ксерокс

kopírka

программа

softvér

телефон

telefón

розетка

elektrická zásuvka

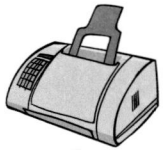

факс

fax

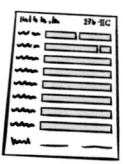

формуляр

formulár

документ

doklad

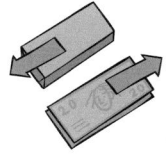

покупать

kúpiť

платить

platiť

торговать

obchodovať

деньги

peniaze

USD

доллар

dolár

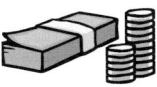

EUR

евро

euro

JPY

иена

jen

RUB

рубль

rubeľ

CHF

франк

švajčiarsky frank

CNY

жэньминьби юань

čínsky jüan

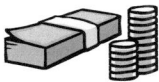

INR

рупия

rupia

ATM

банкомат

bankomat

пункт обмена валюты

zmenáreň

золото

zlato

серебро

striebro

нефть

ropa

энергия

energia

цена

cena

договор

zmluva

налог

daň

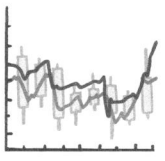

акция

akcia

работать

pracovať

служащий

zamestnanec

работодатель

zamestnávateľ

фабрика

továreň

магазин

obchod

профессии

povolania

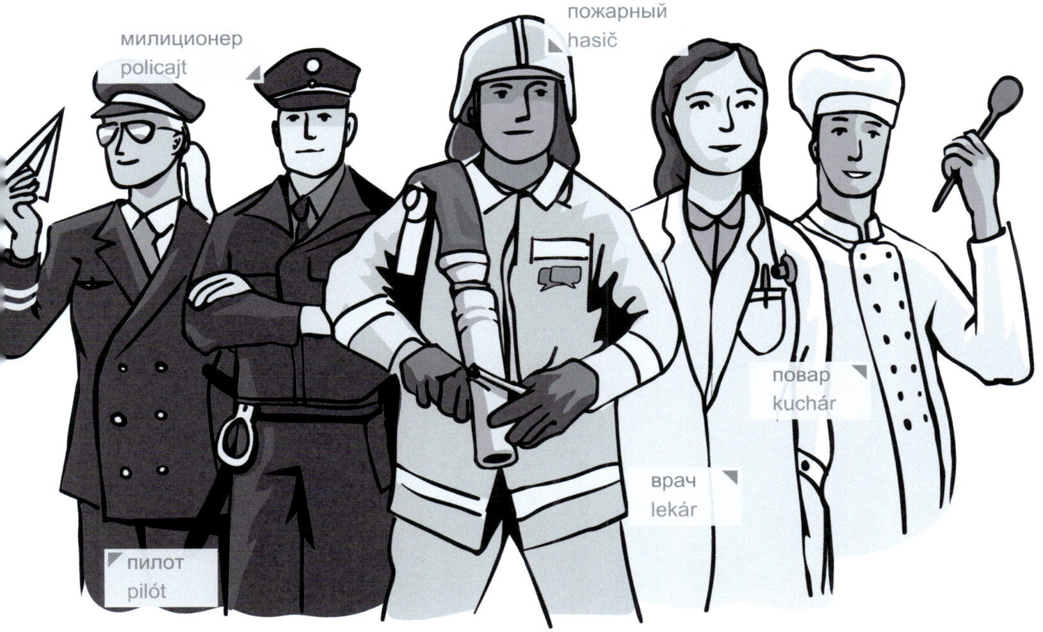
милиционер
policajt
пожарный
hasič
повар
kuchár
врач
lekár
пилот
pilót

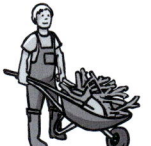

садовник

záhradník

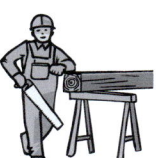

столяр

stolár

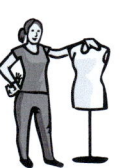

швея

krajčírka

судья

sudca

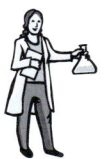

химик

chemik

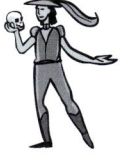

актёр

herec

водитель автобуса

vodič autobusu

таксист

taxikár

рыбак

rybár

уборщица

upratovačka

кровельщик

pokrývač

официант

čašník

охотник

poľovník

художник

maliar

пекарь

pekár

электрик

elektrikár

строитель

stavebný robotník

инженер

inžinier

мясник

mäsiar

сантехник

klampiar

почтальон

poštár

солдат

vojak

архитектор

architekt

кассир

pokladník

флорист

kvetinár

парикмахер

kaderník

кондуктор

sprievodca

механик

mechanik

капитан

kapitán

зубной врач

zubár

ученый

vedec

раввин

rabín

имам

imám

монах

mních

священник

farár

инструменты
náradie

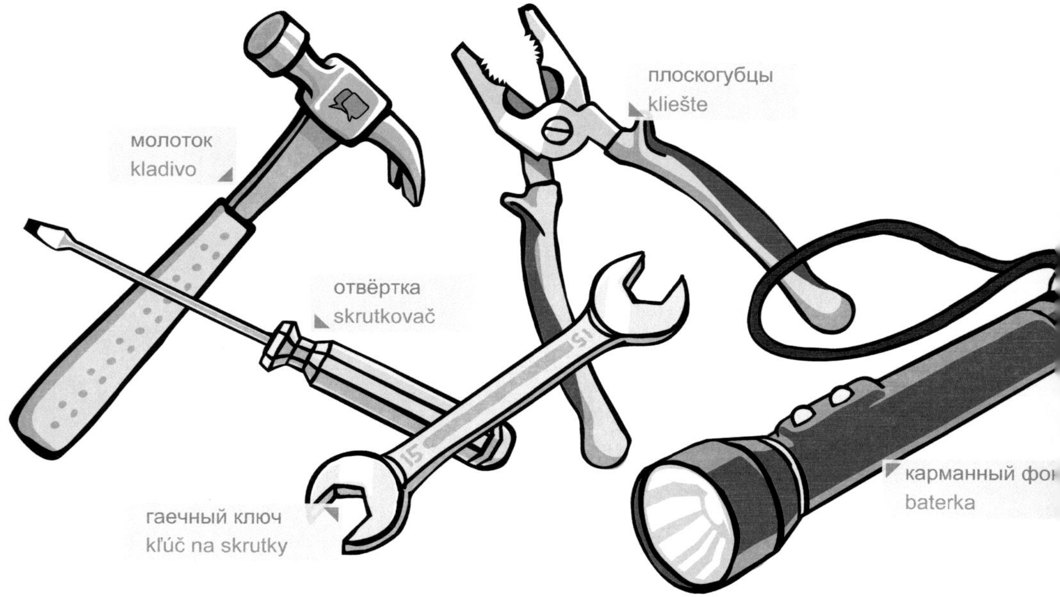
плоскогубцы
kliešte
молоток
kladivo
отвёртка
skrutkovač
карманный фо
baterka
гаечный ключ
kľúč na skrutky

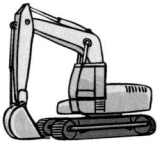

экскаватор

bager

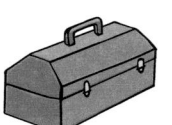

ящик для инструментов

súprava náradia

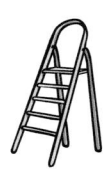

стремянка

rebrík

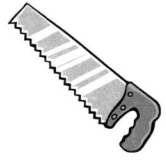

пила

pílka

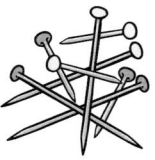

гвозди

klince

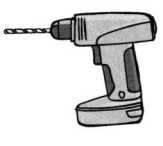

дрель

vrták

ремонтировать

opraviť

лопата

lopata

Блин!

Do čerta!

совок

lopatka na smeti

ведро с краской

nádoba s farbou

винты

skrutky

музыкальные инструменты

hudobné nástroje

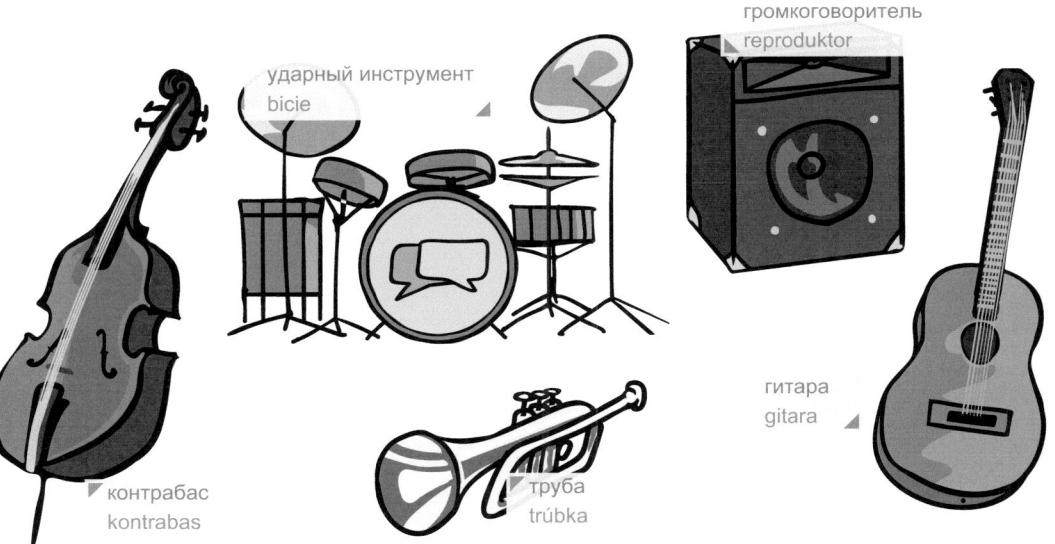

громкоговоритель
reproduktor

ударный инструмент
bicie

гитара
gitara

контрабас
kontrabas

труба
trúbka

пианино

klavír

скрипка

husle

бас-гитара

basa

литавры

tympany

барабан

bubon

синтезатор

klávesnica

саксофон

saxofón

флейта

flauta

микрофон

mikrofón

тигр
tiger

вход
vstup

клетка
klietka

зебра
zebra

корм
krmivo pre zver

панда
panda

животные

zvieratá

слон

slon

кенгуру

klokan

носорог

nosorožec

горилла

gorila

медведь

medveď

верблюд

ťava

страус

pštros

лев

lev

обезьяна

opica

фламинго

plameniak

попугай

papagáj

белый медведь

ľadový medveď

пингвин

tučniak

акула

žralok

павлин

páv

змея

had

крокодил

krokodíl

служитель зоопарка

ošetrovateľ v ZOO

тюлень

tuleň

ягуар

jaguár

пони

poník

леопард

leopard

бегемот

hroch

жираф

žirafa

орёл

orol

кабан

diviak

рыба

ryba

черепаха

korytnačka

морж

mrož

лиса

líška

газель

gazela

американский футбол
americký futbal

езда на велосипеде
cyklistika

теннис
tenis

баскетбол
basketbal

плавание
plávanie

хоккей
hokej

бокс
box

футбол
futbal

бадминтон
bedminton

лёгкая атлетика
ľahká atletika

гандбол
hádzaná

лыжный спорт
lyžovanie

поло
pólo

прыгать
skočiť

обнимать
objať

смеяться
smiať sa

идти
chodiť

петь
spievať

мечтать
snívať

молиться
modliť sa

целовать
pobozkať

писать
písať

рисовать
kresliť

показывать
ukázať

нажимать
tlačiť

давать
dať

брать
brať

иметь
mať

делать
robiť

быть
byť

стоять
stáť

бежать
bežať

тянуть
ťahať

бросать
hádzať

падать
padnúť

лежать
ležať

ждать
čakať

носить
nosiť

сидеть
sedieť

надевать
obliecť sa

спать
spať

просыпаться
zobudiť sa

рассматривать

pozerať

плакать

plakať

гладить

hladkať

причесывать

česať

говорить

hovoriť

понимать

rozumieť

спрашивать

pýtať sa

слушать

počuť

пить

piť

кушать

jesť

наводить порядок

upratať

любить

milovať

готовить

variť

ехать

jazdiť

летать

letieť

действия - aktivity

ходить под парусом

plachtiť

считать

počítať

читать

čítať

учиться

učiť sa

работать

pracovať

вступать в брак

oženiť

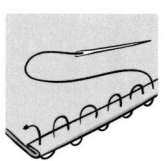

шить

šiť

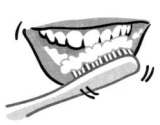

чистить зубы

čistiť zuby

убивать

zabiť

курить

fajčiť

отправлять

poslať

семья

rodina

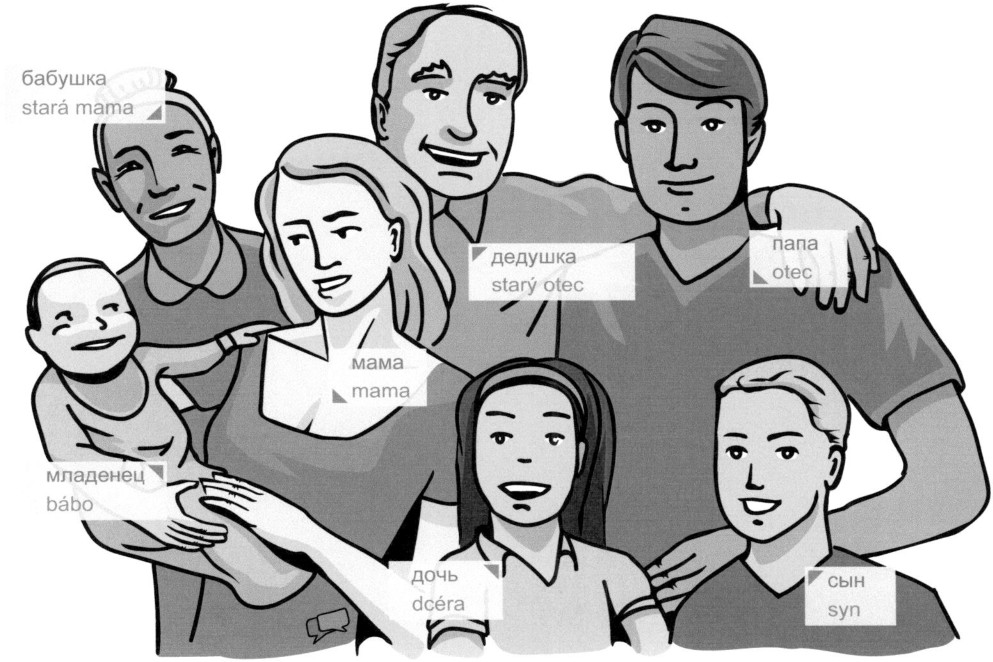
бабушка
stará mama
дедушка
starý otec
папа
otec
мама
mama
младенец
bábo
дочь
dcéra
сын
syn

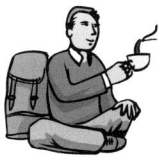

гость

hosť

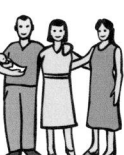

тетя

teta

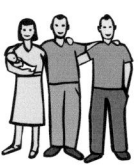

дядя

strýko

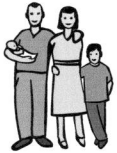

брат

brat

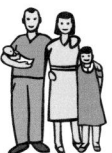

сестра

sestra

тело

telo

лоб
čelo
глаз
oko
плечо
plece
палец
prst
лицо
tvár
подбородок
brada
кисть
ruka
нога
noha
грудь
hruď
рука
rameno

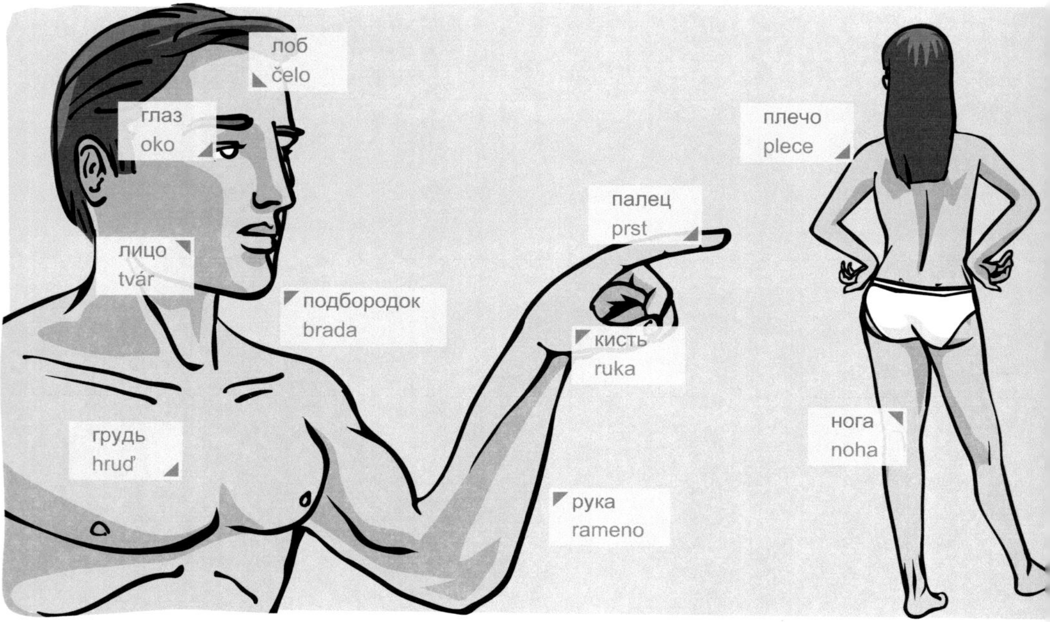

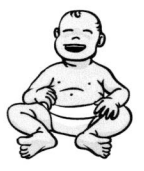

младенец

bábo

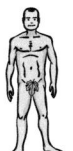

мужчина

muž

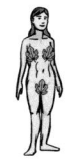

женщина

žena

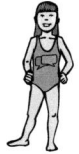

девочка

dievča

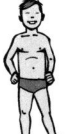

мальчик

chlapec

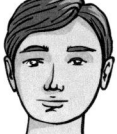

голова

hlava

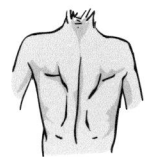

спина

chrbát

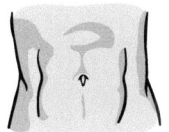

живот

brucho

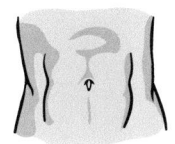

пупок

pupok

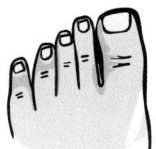

палец ноги

prst na nohe

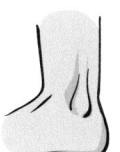

пятка

päta

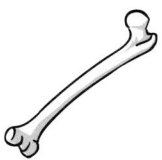

кость

kosť

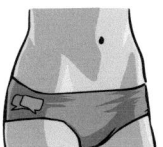

бедро

bok

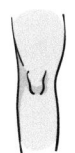

колено

koleno

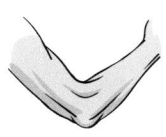

локоть

lakeť

нос

nos

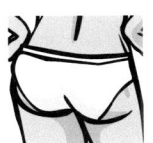

ягодицы

zadok

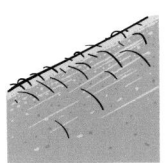

кожа

koža

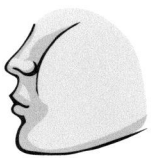

щека

líce

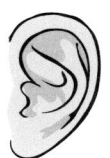

ухо

ucho

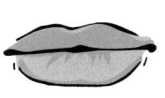

губа

pery

тело - telo

рот
ústa

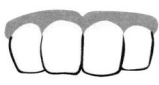

зуб
zub

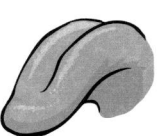

язык
jazyk

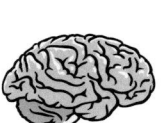

мозг
mozog

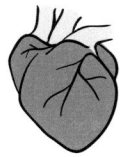

сердце
srdce

мышца
svaly

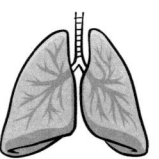

лёгкое
pľúca

печень
pečeň

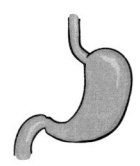

желудок
žalúdok

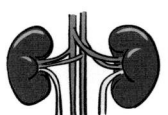

почки
obličky

половой акт
pohlavný styk

презерватив
kondóm

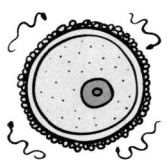

яйцеклетка
vaječná bunka

сперма
semeno

беременность
tehotenstvo

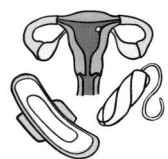

менструация
menštruácia

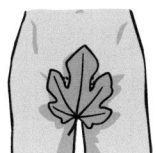

вагина
vagína

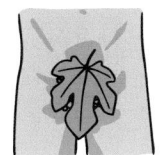

пенис
penis

бровь
obočie

волосы
vlasy

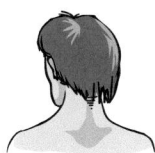

шея
krk

больница
nemocnica

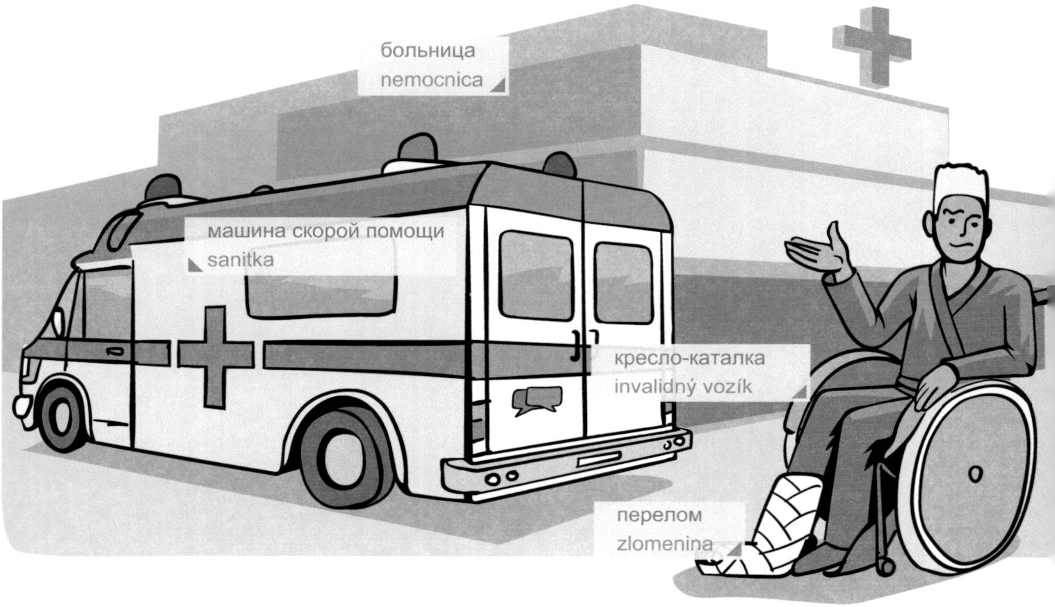

больница
nemocnica
машина скорой помощи
sanitka
кресло-каталка
invalidný vozík
перелом
zlomenina

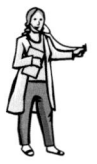

врач

lekár

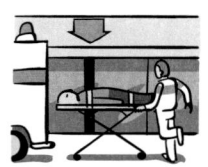

пункт первой помощи

urgentný príjem

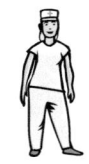

медсестра

sestrička

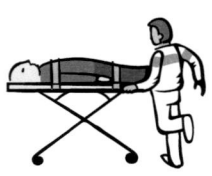

неотложный случай

urgentný prípad

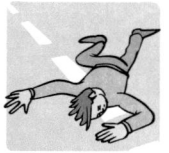

без сознания

v bezvedomí

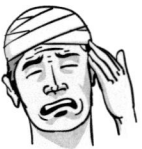

боль

bolesť

повреждение

zranenie

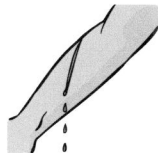

кровотечение

krvácanie

инфаркт

srdcový infarkt

инсульт

mozgová porážka

аллергия

alergia

кашель

kašeľ

овышенная температура

teplota

грипп

chrípka

понос

hnačka

головная боль

bolesť hlavy

рак

rakovina

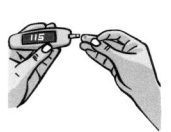

диабет

cukrovka

хирург

chirurg

скальпель

skalpel

операция

operácia

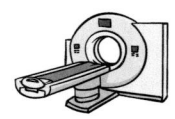

КТ

CT

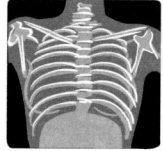

рентген

RTG

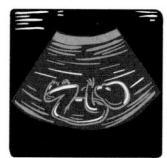

ультразвук

ultrazvuk

маска

maska

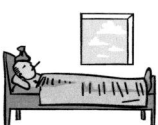

болезнь

choroba

приёмная

čakáreň

костыль

barla

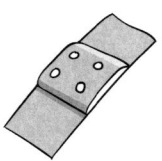

пластырь

náplasť

бинт

obväz

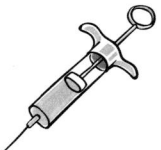

укол

injekcia

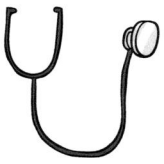

стетоскоп

fonendoskop

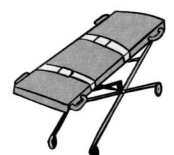

носилки

nosidlá

термометр

teplomer

рождение

pôrod

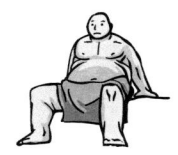

избыточный вес

nadváha

слуховой аппарат

audiofón

дезинфекционное
средство
dezinfekčný prostriedok

инфекция

infekcia

вирус

vírus

ВИЧ / СПИД

HIV / AIDS

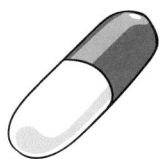

лекарство

medicína

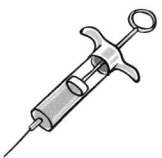

прививка

očkovanie

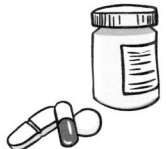

таблетки

tabletky

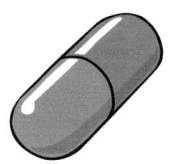

противозачаточная
таблетка

antikoncepčná pilulka

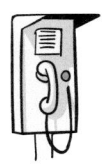

экстренный вызов

tiesňové volanie

прибор для измерения
кровяного давления

tlakomer

больной / здоровый

chorý / zdravý

Помогите!

Pomoc!

нападение

prepad

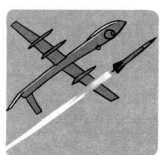

атака

útok

опасность

nebezpečenstvo

запасной выход

núdzový východ

Пожар!

Horí!

огнетушитель

hasičský prístroj

несчастный случай

nehoda

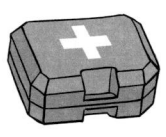

аптечка

kufrík prvej pomoci

SOS

SOS

милиция

polícia

Европа

Európa

Северная Америка

Severná Amerika

Южная Америка

Južná Amerika

Африка

Afrika

Азия

Ázia

Австралия

Austrália

Атлантический океан

Atlantický oceán

Тихий океан

Tichý oceán

Индийский океан

Indický oceán

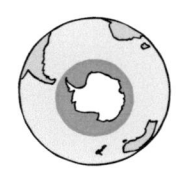

Антарктический океан

Južný oceán

Северный Ледовитый океан

Severný ľadový oceán

Северный полюс

Severný pól

Южный полюс

Južný pól

Антарктика

Antarktída

земля

Zem

суша

krajina

море

more

остров

ostrov

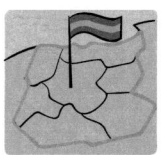

нация

národ

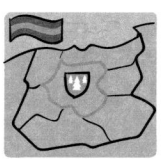

государство

štát

циферблат

ciferník

часовая стрелка

hodinová ručička

минутная стрелка

minútová ručička

секундная стрелка

sekundová ručička

Который час?

Koľko je hodín?

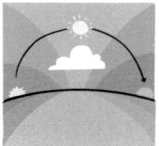

день

deň

время

čas

сейчас

teraz

электронные часы

digitálne hodiny

минута

minúta

час

hodina

понедельник
pondelok

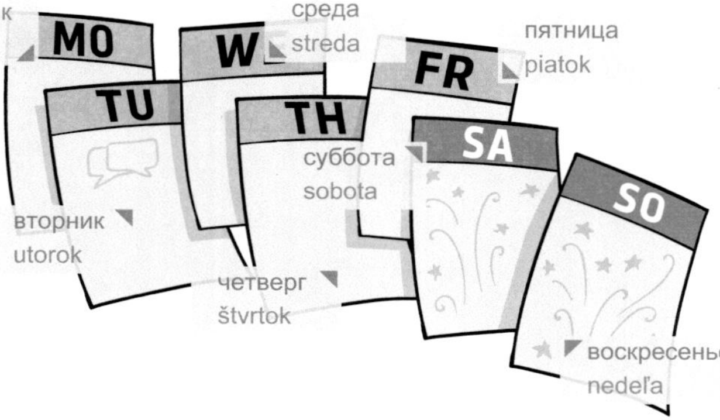

MO

TU

вторник
utorok

W
среда
streda

TH

четверг
štvrtok

суббота
sobota

FR
пятница
piatok

SA

SO

воскресенье
nedeľa

вчера
······
včera

сегодня
······
dnes

завтра
······
zajtra

утро
······
ráno

полдень
······
poludnie

вечер
······
večer

рабочие дни
······
pracovné dni

выходные
······
víkend

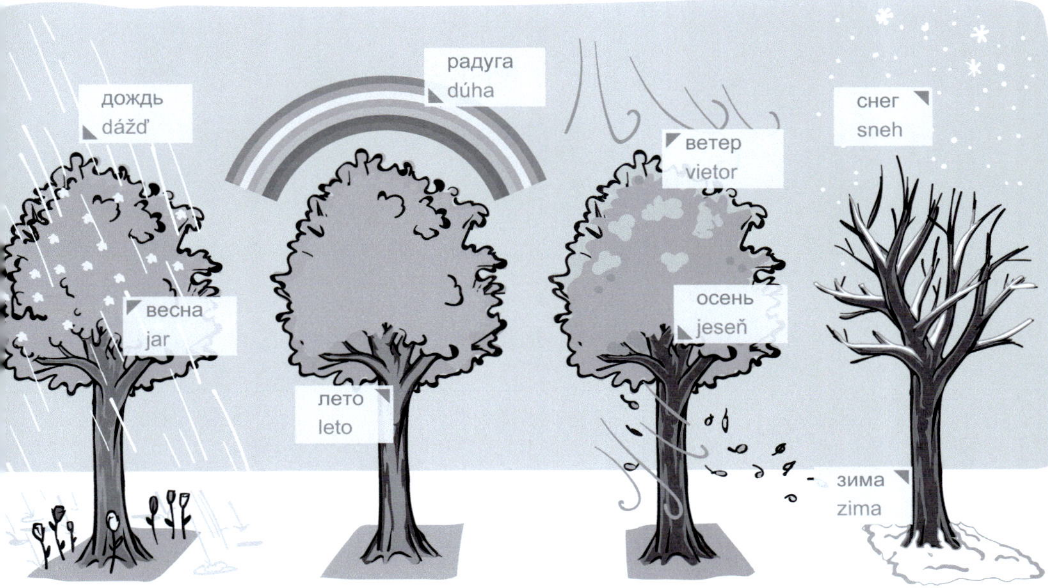

дождь
dážď

радуга
dúha

снег
sneh

ветер
vietor

весна
jar

осень
jeseň

лето
leto

зима
zima

прогноз погоды

predpoveď počasia

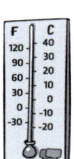

термометр

teplomer

солнечный свет

slnečný svit

туча

oblak

туман

hmla

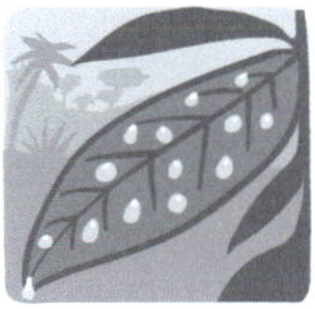

влажность воздуха

vlhkosť vzduchu

молния

blesk

гром

hrom

буря

búrka

град

krúpy

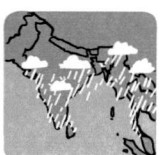

муссон

monzún

наводнение

záplava

лёд

ľad

январь

január

февраль

február

март

marec

апрель

apríl

май

máj

июнь

jún

июль

júl

август

august

сентябрь

september

октябрь

október

ноябрь

november

декабрь

december

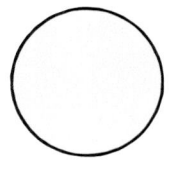

круг

kruh

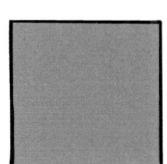

квадрат

štvorec

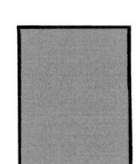

прямоугольник

obdĺžnik

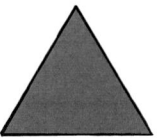

треугольник

trojuholník

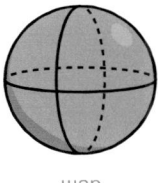

шар

guľa

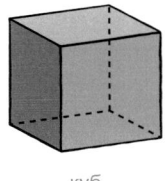

куб

kocka

белый

biela

желтый

žltá

оранжевый

oranžová

розовый

ružová

красный

červená

лиловый

fialová

синий

modrá

зелёный

zelená

коричневый

hnedá

серый

šedá

черный

čierna

много / мало

veľa / málo

яростный / мирный

zúrivý / pokojný

красивый / уродливый

pekný / škaredý

начало / конец

začiatok / koniec

большой / маленький

veľký / malý

светлый / темный

svetlý / tmavý

брат / сестра

brat / sestra

чистый / грязный

čistý / špinavý

полный / неполный

úplný / neúplný

день / ночь

deň / noc

мёртвый / живой

mŕtvy / živý

широкий / узкий

široký / úzky

съедобный / несъедобный

chutný / nechutný

злой / дружелюбный

zlostný / láskavý

взволнованный / скучающий

vzrušený / unudený

толстый / худой

tlstý / chudý

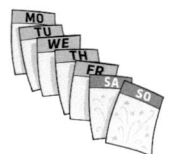

сначала / в конце

prvý / posledný

друг / враг

priateľ / nepriateľ

полный / пустой

plný / prázdny

твёрдый / мягкий

tvrdý / mäkký

тяжёлый / легкий

ťažký / ľahký

голод / жажда

hlad / smäd

больной / здоровый

chorý / zdravý

незаконный / законный

nelegálny / legálny

умный / глупый

inteligentný / hlúpy

слева / справа

vľavo / vpravo

близко / далеко

blízko / ďaleko

новый / подержанный

nový / použitý

ничто / нечто

nič / niečo

старый / молодой

starý / mladý

включено / выключено

zapnuté / vypnuté

открыто / закрыто

otvorené / zatvorené

тихо / громко

tichý / hlasný

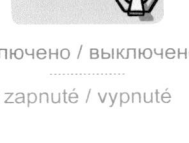

богатый / бедный

bohatý / chudobný

правильный /
неправильный
správne / nesprávne

шероховатый / гладкий

drsný / hladký

печальный / счастливый

smutný / šťastný

короткий / длинный

krátky / dlhý

медленный / быстрый

pomaly / rýchlo

мокрый / сухой

mokrý / suchý

тёплый / прохладный

teplý / studený

война / мир

vojna / mier

čísla

0

ноль

nula

1

один

jeden

2

два

dva

3

три

tri

4

четыре

štyri

5

пять

päť

6

шесть

šesť

7

семь

sedem

8

восемь

osem

9

девять

deväť

10

десять

desať

11

одиннадцать

jedenásť

12

двенадцать

dvanásť

13

тринадцать

trinásť

14

четырнадцать

štrnásť

15

пятнадцать

pätnásť

16

шестнадцать

šestnásť

17

семнадцать

sedemnásť

18

восемнадцать

osemnásť

19

девятнадцать

devätnásť

20

двадцать

dvadsať

100

сто

sto

1.000

тысяча

tisíc

1.000.000

миллион

milión

английский

angličtina

американский английский

americká angličtina

мандаринский китайский

mandarínska čínština

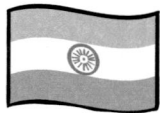

хинди

hindčina

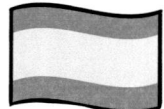

испанский

španielčina

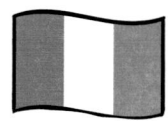

французский

francúzština

арабский

arabčina

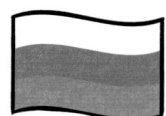

русский

ruština

португальский

portugalčina

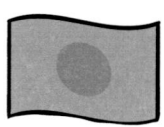

бенгальский

bengálčina

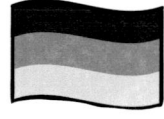

немецкий

nemčina

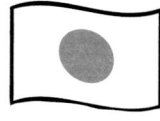

японский

japončina

я
ja

ты
ty

он / она / оно
on/ona/ono

мы
my

вы
vy

они
oni

кто?
kto?

что?
čo?

как?
ako?

где?
kde?

когда?
kedy?

имя
meno

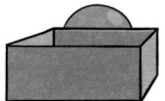

за
....
za

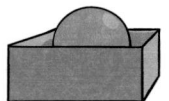

в
....
v

перед
....
pred

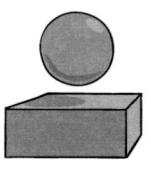

над
....
nad

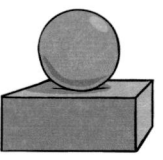

на
....
na

под
....
pod

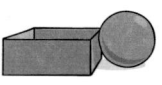

рядом
....
vedľa

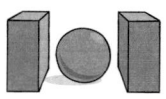

между
....
medzi

место
....
miesto